RECUEIL
de toutes les Ariettes
DE LA FÊTE
DU CHATEAU,

Où l'on ne fait usage que des
Clefs de Sol et de Fa,
pour la plus grande commodité
des Voix et des Instruments,

Avec accompagnement
de Clavecin ou Violoncelle.

Prix 4.^{tt} 4.^{f}

A PARIS,

Chez la Veuve Duchesne, Libraire,
rue St. Jacques, au dessous de la Fontaine
St. Benoist, au Temple du Goût.

1767.

Avec Approbation et Privilege du Roi.

Le Docteur.
I
Ier Air
Un Poco adagio
Oui, je l'ai dit; Je l'ai
dit; Cela suffit. Par d'utiles secrets, Je sçais
rendre une fille Plus gentille Que ja _ mais,
Et cet enfant, Cet enfant Qu'on ché _ rit
tant, De rose et lys A repris Le colo _
F.
P.

ris . En doutant de mon art, On me manque d'é
gard: Car je l'ai dit, Je l'ai dit, Cela suffit .
F.   Crescendo   F.   F.mo
Allegro
Mme De l'art d'un Ino-cu-la-teur C'est l'a-
Jordonne
P.
mour qui fut l'inventeur. Pour l'intérêt d'un
jeune cœur, On fait la piqûure: La cure en est

Le Docteur.

On apprendra par le succès
Qu'on en est plus charmante après ;
On a le teint plus vif, plus frais.
  Par-tout ma méthode
  Devient à la mode ;
C'est pour plaire un nouveau moyen.
C'est un mal qui fait du bien.

Me Jordonne.

Jeune fillette craint d'abord,
Pour céder se fait un effort.
Desir de plaire est le plus fort ;
  Tout bas à l'oreille,
  L'Amour la conseille :
Ma belle enfant ne craignez rien :
C'est un mal qui fait du bien.

Un poco Allegro
4
3
Mme
J'ordonne
Des jeux de son enfance On
se souvient toujours; L'âge de l'inno-
cen-ce Est l'âge des beaux jours.
Jouant à la Madame, Moi je fai-
sois la femme; Vous étiez mon é-

Le Docteur.
Etant plus grandelette,
(Ah! j'y crois être encor!)
Nous allions sur l'herbette;
Vous étiez un trésor.
Vous faisiez la sévere;
Un jour je vous fis faire
Avec un baiser doux:
Hein! hein! vous en souvenez vous?

Duo

Le Docteur
Allegro.
Ce pouls est bien jeune en-
P.
co-re.   Ah! comme il va!   Ta, ta, ta,
F.   P.   F.   F.
ta: Ah! comme il va! Ta, ta, ta, ta,
F.   P.   F.
Comme il va! ta, ta ta.   Certain en nui
P.   F. P.   F.   P.

Mme J'ordonne
Certain ennui me dévore.
vous dévore
Prenez
Pocf.
P.
Pocf.
P.
garde à ça Prenez garde à ça Ta, ta,
Pocf.
ta, Comme il va. Ta, ta, ta, ta, ta, ta, ta

ta, Prenez garde à ça, a ça.
P.
Pmo F. P. F.
Le pouls remonte.
Point tant de
Cresc. F.
hon te! Le pouls remonte.
Cresc. F.
Cresc. F.

Ah! finissez finis-
Point tant de hon te!
P.
sez
Ah! ah! finissez, finissez, finis-
Point tant de hon te
sez
Pourquoi tant de honte, Pourquoi tant de

J'ai besoin
honte! Laissez laissez lais _ sez
d'ai de Parlez en a mi
Le vrai re _ me de
J'ai be _ soin d'ai _
C'est un bon ma ri, Le vrai re _ me de

adagio
de   Par_lez   en   a_mi J'ai
C'est un bon mari, C'est un bon mari .
besoin d'ai...de Par..........lez
Le vrai remede, C'est un bon ma -
P,   Cresc.
Par...lez   en   a_mi   en ami
ri C'est un bon ma ri   un bon ma
P et F.   P. F. P.

en ami Par lez
ri un bon mari, C'est un bon ma -
Cresc.
en a mi Par lez Par
ri C'est un bon ma ri, un bon ma
F.
lez en a mi.
ri un bon ma ri.
1.mo

Mme J'ordonne
Allegro Stacato.
Monsieur le Docteur
F.
P.
n'est pas bê te; Le principe est là; Je
sens ce la: Oui, le principe est là, Là.
Cresc. P.
Poof.
Mais songeons d'abord à la fê te:
Mon premier devoir Est d'y pourvoir. A

tout il faut prévoir, Voir. Ça, ça dépêche Thi-
Puif.
bault; Prends ta bêche, Tôt, tôt, tôt, Viens, Thi-
Poef.
bault. Vois s'il ne manque ici rien: Tien.
F.mo
De la chaleur, De l'ardeur Qui m'empêche...
P.
Viens ici Vois ceci. Fait-on son devoir ain-
F.

si? Si... Le feu va du cœur à la tê_te,
De la tête il va...Ta, ta, ta, ta. Oui prenons
garde à ça. Ah ! il faut que moi même j'ap -
prête. Fais tout ce qu'il faut, Va donc ni -
gaud, Tu restes-là toujours; Cours.
Enflez P.
P.mo F.

Jacquot
Andante grazioso
De la
plus brillante au-ro-re, Ces beaux
lieux sont é-clai-rés; Et des ri-ches-
ses de Flore, Je vois cès jardins parés
Le printems vient de renaître; Li-se

Cette jeune Demoiselle
Est la fille du Château ;
Pour lui temoigner mon zele,
J'ai quitté notre hameau ,
Dans cette heureuse retraite
Que puis - je encore esperer ?
Ah ! si j'y revois Colette,
Je n'ai rien à desirer .

M.me J'ordonne
Allegro.
P.
Du matin au soir, dans
ce château Il a bonde une foule de monde;
C'est à chaque instant un soin nouveau,
Et c'est moi qui soutient le fardeau. Il faut
veiller à l'office; De nos caves j'ai les

clefs. Par moi, pour tout le ser-vi-ce,
Les mémoires sont réglés. Marchands et va-
lets Sont satisfaits; Tous é-prouvent mon
ze le Fi-de-le. Je pourvois à tout, de loin de
près, Et je songe à tous nos intérêts.

Jacquot
8
Allegro
J'amene des fleurs à foison, Ma voitu-
re en est toute pleine. Vous en voyez l'échantillon;
M.me J'ordonne
Ma foi vous en aurez l'étrenne. Jaquot dans
mon tems de beauté, Je l'aurois assez mérité.
Jacquot
Oh! permettez avec bonté Madame J'ordonne

Que je vous le donne Madame J'ordonne,
Permettez donc avec bonté, Que je l'atta-
M.me J'ordonne
che à votre côté. Rien n'est plus galant que ce-
Jacquot
la; Grand merci de ta complaisance. Ces roses
que je place là Sont en pays de connoissance:

Mme J'ordonne
Un baiser doit être ajouté. Mais, mais, Ja-
Jacquot
quot en vé-ri-té... Ça, permettez avec bonté
Madame J'ordonne Que je vous le donne,
Madame J'ordonne; Ça permettez avec bon-
te Que je vous le donne avec gaité.

Mme J'ordonne.
A tout age on
Allegro
est sensible, Le cœur suit un penchant invin
cible; Eh! comment est-il possible,
Fine
Sans amour, D'être heureux un seul jour?
J'aime à voir de la jeunesse La gai-

té, les jeux, la gentillesse Sa tendresse
M'intéresse; Ses plaisirs Reveillent mes de
Al Segno
sirs. Dans mon a me, Des traits de
flame Retracent mes plus doux instans.
Souvenance est jouissance: Je me retrouve en

mon printems; Je ris, je chante, je danse
De bon cœur tout comme a quinze ans.
A tout age on est sensible, Le cœur suit un pen-
chant invincible; Eh! comment est il possible,
Sans amour, D'être heureux un seul jour.

Allegro grazioso
10
Jacquot Le doux Zéphir par sa fraicheur
Fait ouvrir le sein d'une fleur; D'un
regard ma belle Fait naitre pour elle Le
tendre amour: C'est l'Auro re nouvelle, Dont
le retour Annonce un beau jour.

2ᵉ. Couplet.

En son absence tout languit,
Un jour si beau se change en nuit.
Mon amour fidèle
Ne trouve loin d'elle
Aucun bonheur ;
C'est la bise cruelle
Dont la rigueur
A flétri mon cœur.

Romance.

prend, Rien n'est capable de l'ins trui re.
Ce cœur qu'amour a sçu former Ne veut con-
noi_tre Que lui pour mai_tre; On sait
tout, quand on sait ai_mer, On sait
tout, quand on sait ai mer.

Gerard
Moderato
P.
12
Cette saison est le re -
tour Des Ris, des Jeux et de L'Amour. Tous
nos amans vont d'un air gai Danser
sur la fougere; Mais pour jouir du
mois de Mai, Il faut une Bergere.

Le Tabellion.
La Fortune achette à grands frais
Moins de bonheur que de regrets.
Chez nous on a ces biens parfaits
Que la nature nous dispense ;
La santé, la gaieté, la paix,
    L'amour et l'innocence.

Hubert.
Je sers Bacchus, je sers l'Amour :
Chaque plaisir regne à son tour.
Je cours la chasse le matin,
Je bois le jour, le soir je danse,
Je dors pour me remettre en train,
    Et puis je recommence.

Gerard.
Sans cesse, à la Ville, à la Cour,
Sans aimer on parle d'amour :
Sans art, sans fard, sans complimens,
On aime ici bien d'avantage.
Les bons amis, les vrais amans
    Ne sont plus qu'au Village.

M.e Jordonne.
Pour l'Amour faut-il des Palais ?
Un verd Bocage sert de dais.
On a pour table ses genoux,
Tous deux on boit dans même verre,
On a pour siége un gason doux,
    Et pour lit la fougere.

Gerard
Allegro
13
Toujours sautant, Et d'un
Pizzicato
air content, Ma fillette ne songeoit qu'a rire De-
puis un tems Jevois et j'entends, Qu'en secret elle
rêve et soupire. Un desir vif Lui rend l'œil ac-
tif; Elle veut à présent tout savoir, Tout voir.

Mme Jordonne
Quand on voit d'une fille Les
Moderato
14
Pizzicato
charmes s'arrondir, Quand son regard pé-
tille, Qu'un mot la fait rougir; Il est tems qu'en mé-
nage Par prudence on l'engage; Car
même avant cet âge L'amour se fait sentir.

Mme S'ordonne
Poco allegro
P.
Un bouquet est quelque
chose, De la main d'un jeune amant.
Sans songer à ce qu'il o_se Il le place galam-
ment Près d'un sein qu'un voi_le cache,
Il l'at_ta_che en mal-adroit, Mais il

15

2.º Couplet, pincé.

Ce n'est pas si peu de chose
Qu'une fille y pense bien
Mais à peine la main pose
On croit que ce n'est qu'un rien
Si la belle se courrouce
Et repousse
Que sert cela
Sous les fleurs le cœur s'agite
Palpite
L'amour est là.

Mme S'ordonne
16. Allegro gracioso Au printems de l'age
Quand l'amour en ga ge, Le plus doux par-
ta ge C'est de jou ir Une gentille maitres se,
Vaut bien richesse, Les tresors de la jeunesse C'est le plaisir.

Hubert
17
Allegretto
Une terre avec
moi, n'a point de braconnier: Pour cette
race Je suis sans quartier. Je ne crains pas qu'on
vienne enlever mon gibier ; Un garde chasse
Fine
Est franc du collier, Jaquot n'est pas tail -

té pour chasser à ma pla_ce; Je lui fais un sa

lut S'il o-se se mettre à l'affut .·§.Al Segno

Hubert

18

Allegro

Je suis joyeux, je suis tou -

P.

jours gaillard, Je mets tout souci à l'é-

cart, Du cœur ma gai-té part. Qu'une

femme soit bisarre De son esprit je m'empare,
S'en triomphe; car Je suis joyeux, je suis toujours gaillard; Sans cesse de ma part C'est
un nouvel égard, Je ne suis jamais en re-
tard; Et voilà tout mon art.

Mme J'ordonne
Dans la saison printanniere
Poco Allegro
P.
On a vingt maris pour un, Et pour être un
peu trop fiere, Souvent on n'en prend aucun.
L'age rend plus do-ci-le, On se repent;
Plus on attend, Moins on est diffi-ci-le.
19

40
Colette
Nous avons une terrasse Au
Allegro
Pizzicato
bout du jardin, Qui du sien est voi-
sin; Discrettement je m'y place Der-
riere un buisson de jasmin. Dou-
cement j'écarte une branche, Sur

le bord du mur je me panche Et
quelque tems sans di-re mot, Je
vois à mon aise Jacquot: Je tire une
fleur de mon sein, Je la lui jette avec des-
sein, Et puis je me cache soudain ...

42
Colette
21
Allegro
Pizzicato
Le cœur lui dit aussitôt que c'est
moi, Avec transport il me nomme il m'ap-
pelle Chere Colette à mes yeux offre toi.
Contre le mur il ajuste une échelle. Il me
voit, je me mets à rire...Pour tous deux quel mo-

mént flatteur ! Jacquot sou-pire; Je
plains son mar-ti-re: L'amour qui l'inspire Prend
un peu d'empire. Jacquot sou-pire; Je
plains son mar-ti-re: L'amour qui l'inspire est aussi dans mon cœur.

Colette
22
Grazioso
Rinf.
P. Rinf.   P. Rinf.
Tendres filles de flore, I ma -
ges du plaisir   Co let te des l'au -
ro re Viendra pour vous cueillir   Vous
brillerez près d'elle D'un é clat plus par -

fait C'est le sein d'u_ne belle Qui
pa_re le bouquet.
Colette
Allegro moderato.
Jacquot m'ai
moit, Jacquot n'est plus le même;
P.
Et malgré moi toujours je l'aime
Fine

Des le point du jour, Le cœur plein d'a-
mour, Il me préparoit Un beau bouquet, Un beau bouquet. En amant dis-
cret, Jacquot se cachoit, Et contre ma
porte l'attachoit. Jacquot m'aimoit Jac-

quot n'est plus le même; Et malgré
moi toujours je l'aime. Le soir a -
vec un soin extrême, Sous ma fe -
nêtre il se rendoit, M'attendoit, Regar -
doit Dans l'espoir De me voir. Il alloit, il ve -

noit, Tournoit, Retournoit, M'appelloit, Soupi-
roit, S'en alloit A regret.   Jacquot.
Avec transport il me juroit Que j'é
tois son bonheur suprême. Qui m'eut
dit qu'il me trahiroit. Jacquot.
Al Segno
Al Segno.

Mme J'ordonne

Si vous voulez les voir long tems.
En badinant, En folatrant, Traitez l'a-
mour comme on traite un enfant: Il ne lui
faut que des amusettes. Qu'il coure ail-
leurs s'il n'est pas content.

Mme. J'ordonne
Allegretto
P.
25
Trop ai-sé-ment on s'abandonne A des soup-
çons contre un amant: Plus ai-sé-ment on lui pardoñe:
Courroux d'amour n'a qu'un moment. C'est un in-
grat que l'on accuse, Le revoit on? c'en est assez Dans notre
cœur est son excuse, Et tous ses torts sont effacés.

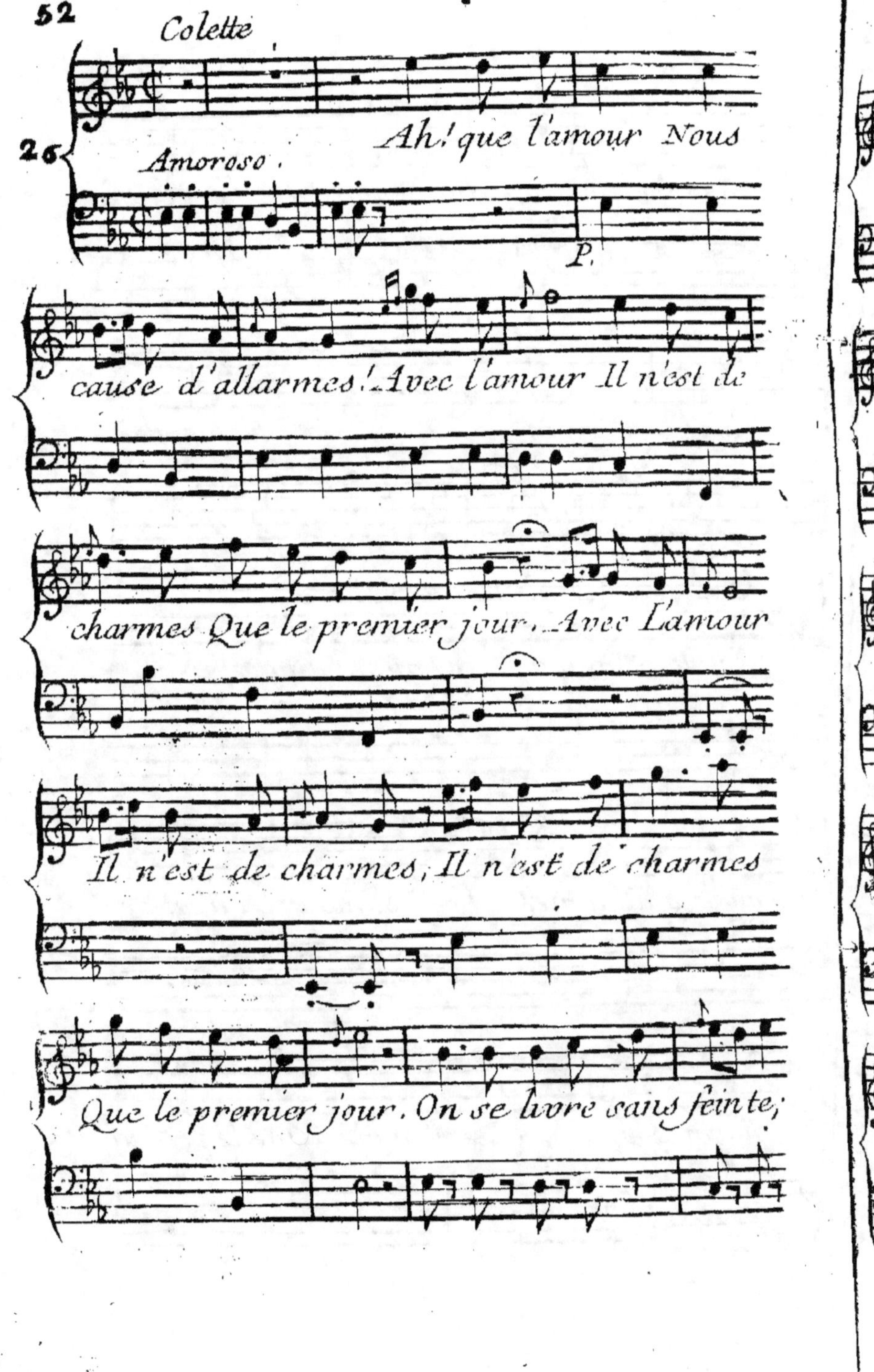
52
Colette
26
Amoroso.
Ah! que l'amour Nous
P.
cause d'allarmes! Avec l'amour Il n'est de
charmes Que le premier jour. Avec L'amour
Il n'est de charmes, Il n'est de charmes
Que le premier jour. On se livre sans feinte;

Mais est on sûr du retour? De l'espéran-
ce à la crain te On pas-
se tour a tour Ah! que l'amour Nous
cause d'allarmes Avec l'amour Il n'est de
charmes Il n'est de charmes Que le premier

jour. Mon amant devient volage: De l'ingrat
je me dé-ga-ge. Faut-il encor que mon
cœur sans cesse avec douleur avec douleur M'en offre l'image? Ah! ah! ah!
ah! que l'amour nous cause d'allarmes

Avec l'amour il n'est de charmes
Que le premier jour. Avec l'amour
Il n'est de charmes, Il n'est de charmes
Que le premier jour, Que le premier
jour, Que le premier jour.

Jacquot
27
Grazioso.
Belle ro-se Que j'ar-
P.
ro-se, Tes charmes naissans Sont l'honneur
du printems. Tu vas plaire A ma ber-
Colette
ge-re; Mais son teint plus frais Ef-
Jacquot
fa-ce tes attraits. Il faut avant que

je te cüeille Que je t'anime d'un bai-
-ser. Discrettement sous cette feuille
Mes levres vont le dé-po-ser. Belle
ro-se Que j'arrose, Si c'est ton des-
tin D'approcher de son sein Si ta

bouche Aussi le touche, Donne lui pour
moi Ce ga_ge de ma foi. Pour Colette
que j'adore, Joli bouton, tu vas t'ouvrir
Reçois encore ce soupir Pour te hâter d'é
clo re; Mais conserves en la flamme:

Que ta jeune fleur Se panche sur son cœur.
Que Colette au fond de l'âme, En sente l'ardeur, Et songe a mon bonheur.
Jacquot
28 Ma Colette, Ma poulette, Quel plai-
Allegro grazioso
sir de te revoir! D'allegresse De ten-

dresse, Je sens mon cœur s'émouvoir Mais tes
yeux sont pleins de larmes, Ah! Colette tu m'al
larmes…Quel chagrin peut elle avoir? Ma petite
Qui t'agite? Ne puis-je enfin le sçavoir? Tu m'é
vites, Tu t'irrites; Quand tout flatte notre espoir.

Colette
29
Andante grazioso
Tu disois que tu m'aimois,
Per...fide, Ingrat, perfide; Tu disois que
tu m'aimois, Perfide tu me trompois.
Fine
Tu m'avois donné ta foi: Ton serment n'est
pas so-li-de, Va, parjure, laisse moi;

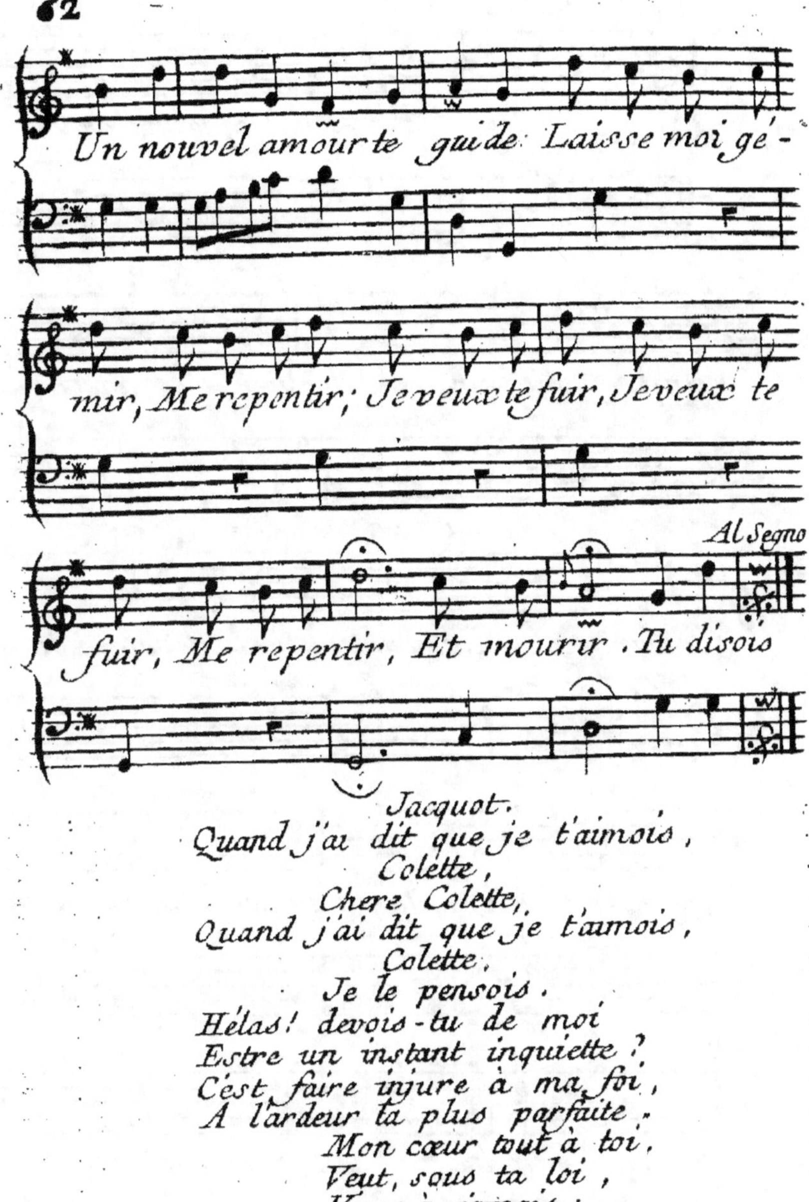

Jacquot.
Quand j'ai dit que je t'aimois,
Colette,
Chere Colette,
Quand j'ai dit que je t'aimois,
Colette,
Je le pensois.
Hélas! devois-tu de moi
Estre un instant inquiette?
C'est faire injure à ma foi,
A l'ardeur la plus parfaite.
Mon cœur tout à toi,
Veut, sous ta loi,
Vivre à jamais:
Fais la paix,
Quand j'ai dit que je t'aimois, &c.

Colette.
30
Moderato
Lorsque Jacquot m'abandonne,
P.
Qu'il est huit jours sans me voir, C'est à tort qu'on
Jacquot
le soupçonne. L'amour se doit au devoir, Pour no
tre jeune maitresse, J'ai Quitté tout a l'instant; Pour lui
prouver sa tendresse   Colette en eut fait autant.

Jacquot.
On ne peut aimer qu'une fois,
Allegretto
P.
Fine
Quand on aime Co_let_te; Pour s'enga-
ger sous d'autres loix, L'âme est trop satis-
fai.....te. On &c. De l'amour écoute la
voix; C'est lui qui te re pe.....te. On &c.

31

Colette
65
32
Grazioso
Pourquoi dis-tu que tu
pmo
m'ai mes en cô. re? Ah! c'est accroître ma douleur, ma douleur Par un des-tin que mon amant i-
Poef.   pmo
gno-re Moi mê me hé las! j'ai détruit mon bonheur, j'ai détruit mon bonheur. Je croyois Ja-
Poef.

quot un vo la ge, Et par dé pit je
viens de m'engager Par dé pit je viens de
m'engager Ton rival.....Ah Ciel! quelle i-
mage! Mon triste sort va te venger,
va te venger.
Poes. P. Cresc.
F. F. P.
F.
P. F.

Duo.
Jacquot
Grazioso
P.
33
Moi qui t'aime! Toi qui
dois m'aimer de même! Car tu l'as ju
ré, J'en étois assuré: Mon cœur s'étoit li -
vré, Tu fais de ton plein gré Ma peine ex -
trême! Moi qui t'aime! Toi qui dois m'ai

mer de même Peux-tu m'affliger Cruelle
sans songer Que mon cœur moins leger Ne peut changer?
Colette
Ah! daigne en croire Mes pleurs. J'aurai toujours en mémoire... Je meurs. De nos amours, Qui

faisoient nos beaux jours, J'aurai tou -
jours mémoire, Toujours. C'est ta flamme
Pmo
Qui soutient encor mon âme. Un au -
tre à ma foi; On dispose de moi Mais
mon cœur est à toi, Toujours à toi.
F.

Jacquot
Colette
Moi qui t'aime! Moi je t'aime aussi de
P.
Jacquot
Colette
même. Tu me l'as juré. Sois en bien
Jacquot
assuré. Mon cœur s'étoit livré: Tu
fais de ton plein gré Ma peine extrême;
Colette
Moi qui t'aime! Moi je t'aime aussi de

Jacquot
même. Peux-tu m'affliger, Cruelle,
sans songer Que mon cœur moins lé-
Colette
ger Ne peut changer? Sçais-je feindre?
Jacquot
Tu me connois bien. Serrons notre li-
Colette
en. N'espère rien.
Jacquot
Sans nous

plaindre, Cherchons tous les deux Le moyen
d'être heureux. Tous mes transports se ra-
niment; Ah! combien d'amour expriment
Colette
Oui je t'aime Et t'aimerai tou-
Tes yeux. Oui je t'ai-me Si tu me ché-
pmo

jours de même. Je te l'ai juré; Sois
ris de même, Je suis rassuré. Mon
en bien assuré. Oui tant que je vi -
cœur est en i vré: Oui, tant que je vi -
vrai, Je t'aime rai.
vrai, Je t'aime rai.
F.

Duo.
Colette
Jacquot
Allegro non troppo.
34
O! peine ex tre me!
Ah! le cruel é tat! Le scélé -
C'est toi que j'ai......me; Hé -
rat T'en leve en ce jour À mon a -
las! tu ne peux
mour. Je veux prevenir.... Puis-je souf -

mob te nir. Que de ve-
frir...Il faut punir...Quand j'en devrois mou-
nir! Ah! té.....mé.......rai-
rir Non ne m'ar rè te pas...Toi
F. P.
re! Que vas tu.
dans ses bras!...Dans mon dé ses

fai----re? O Ciel! dans
poir....Nous allons voir....Oui je vais, je
un nou---veau dan-
cours.....J'aurai recours....Je dois son
ger C'est t'en---gà--ger,
ger, Je dois songer A me venger.

Colette
35
Andante grazioso
Si vous sçaviez;   j'aime Jacquot, il
m'ai me   J'aime Jacquot, il m'ai me, il m'ai -
me.   Mais je ne peux jamais l'aimer assez,
Mais je ne peux jamais l'aimer assez, jamais, ja -
mais l'ai mer as sez.   Si vous sçaviez
P.   F.   P.
F.   P.
F.   F.   P.
F.   P.
F.   P.   Mez. F.

quels momens j'ai pas - sés! Si vous sçaviez......
quels momens j'ai pas - sés! Ils faisoient mon bon -
heur suprême Ils faisoient mon bon - heur suprê
me   Ah! je ne peux jamais l'aimer as sez, ja -
mais, jamais l'ai mer as sez. Je ne peux jamais l'ai -

mer assez Ciel! par une rigueur extrême,
On se-pa -re deux cœurs si ten dre-ment li -
és. Jamais si doux momens ne se -
Adagio.
F.
P.
ront oubli-és, Jamais si doux momens ne se-
F. P.
ront oubli-és. Si vous sçaviez
Andante grazioso

Le Docteur
36
Allegro moderato
Oui votre fille n'est pas
bien; Croyez en ma science: Je ne suis
P. F.   P. F.
pas Docteur pour rien; Suivez mon
P. F.
ordonnance: Il faut différer son li_en.
P. F.   P.   F.
Et toi prends pa_ti_en_ce. Je connois
P.   F.   P.

le mal qui la tient, Et le reme de
qui convient; C'est un secret qui
m'appartient. Je suis homme d'experi -
en ce. Passez ce soir à la maison
Je vous réponds De sa guérison.
F. P.
F. P.
pmo
F.

Chœur
Allegro
37
Chantons les bienfaits de Ma-
dame, C'est elle qui forme nos nœuds,
Le plus doux plaisir de son
ame Est de faire des heureux
Chantons le bonheur de Colette.

Chantons le bonheur de Jacquot
Leur no-ce demain se-ra fai-te
L'amour sera de l'écot. Chantons.
Mme Jordonne
Allegro
Monsieur Gerard Soyez gail-
38
P.
lard Colette a le prix Et ce jour est

pris Pour qu'un bon ami Qu'elle aura choi-
si Pour qu'un bon ami Devienne un ma-
Colette
ri Malheureuse Colette Jacquot que
je te regrette Hubert m'épousera
Mais toujours mon cœur t'aimera.

Chœur.

Un poco Allegro.
39
Prélude
Mᵐᵉ J'ordonne
Prouvez à l'instant Le zele ardent Qui
P.
nous enflâme. Allons, allons gai, Plan-
tons le Mai; C'est pour Madame.

Chœur

Allons, allons gai, Plantons le Mai; C'est
Allons, allons gai, Plantons le Mai; C'est
Allons, allons gai, Plantons le Mai; C'est
E.
Jacquot
pour Madame. Son cœur genereux Forme nos
pour Madame.
pour Madame.
P.mo

nœuds, Nous rend heureux Tous deux.
Colette
Elle satisfait, Par le bienfait, Toujours son
Chœur
âme. Allons, allons gai, Plantons le
Allons, allons gai, Plantons le
Allons, allons gai, Plantons le
F.

Mai; C'est pour Madame, Allons, allons
Mai; C'est pour Madame, Allons, allons
Mai; C'est pour Madame, Allons, allons
gai, Plantons le Mai; C'est pour Madame:
gai, Plantons le Mai; C'est pour Madame:
gai, Plantons le Mai; C'est pour Madame:

Mme J'ordonne
Dansez à l'entour, Jeunes garçons, Jeunes fil-
pmo
Le Docteur
lettes. Célébrez ce jour Par vos chan-
Jacquot
sons, Vos amourettes. Dans mon cœur est
le printems, Dans tes yeux est l'au ro re

Chœur
Ah! combien de doux instans Ce jour va faire é-
Ah! combien de doux instans Ce jour va faire é-
Ah! combien de doux instans Ce jour va faire é-
F.
Colette
clore! Chantez en chœur Monseigneur Le Doc-
clore!
clore!

Jacquot
teur. Même honneur à Madame J'ordõnne.
Hubert
Ces deux amans Ont passé leur printems
Mais il est pour eux des fleurs d'au
Le Docteur
tomne. Sans être dans mon printems, Com

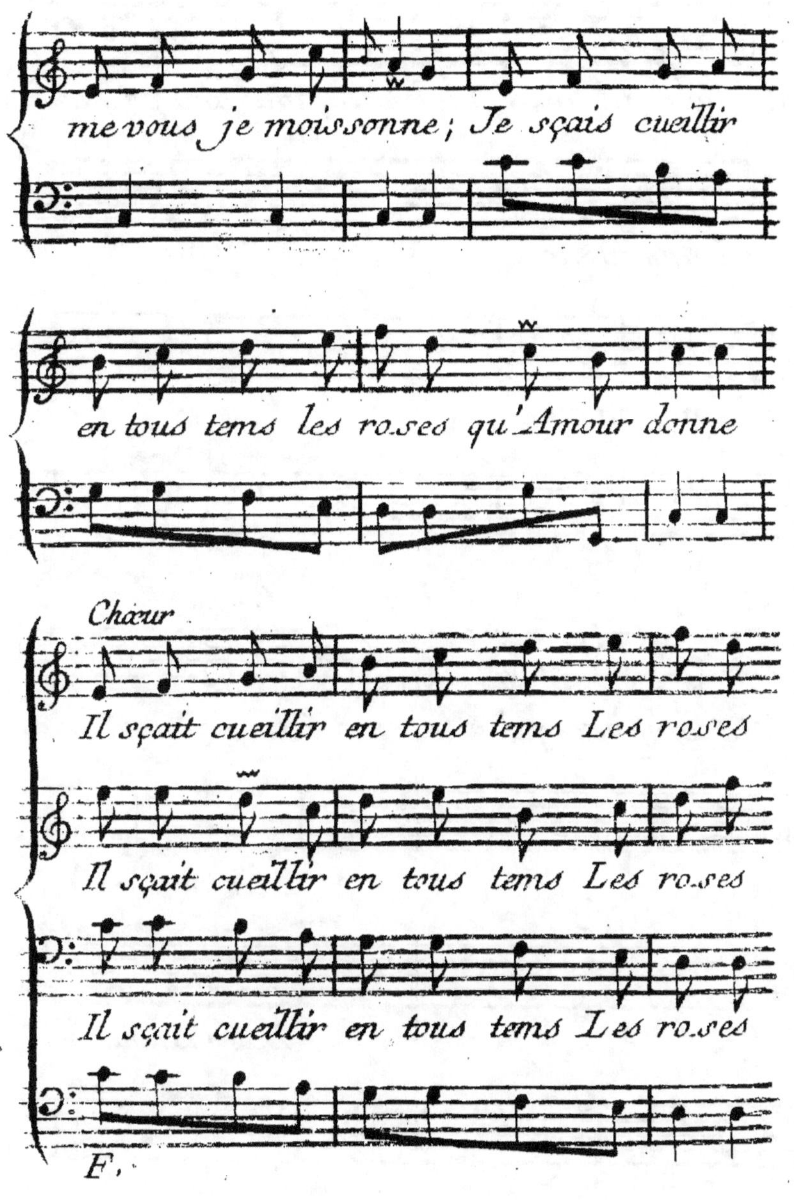
me vous je moissonne; Je sçais cueillir
en tous tems les roses qu'Amour donne
Chœur
Il sçait cueillir en tous tems Les roses
Il sçait cueillir en tous tems Les roses
Il sçait cueillir en tous tems Les roses
F,

Hubert une bouteille à la main
qu'Amour donne. Ce joli Mai que l'on po_se
qu'Amour donne.
qu'Amour donne.
P.
Chœur
Madame veut qu'on l'arro_se. Livrons nous à
Livrons nous à
Livrons nous à
F.

la gaité, Le plaisir nous en-flâ-me.
la gaité, Le plaisir nous en-flâ-me.
la gaité, Le plaisir nous en-flâ-me.
Buvons tous à la santé De cette chere
Buvons tous à la santé De cette chere
Buvons tous à la santé De cette chere

M.me J'ordonne
Dame. On doit regarder nos jeux com-
Dame.
Dame.
me u-ne bagatelle; Mais nous serons
trop heureux, Si l'on fait grace au zele.

Le Privilege et l'Enrégistrement se trouvent
dans les Œuvres Générales de l'Auteur.